MEIN ERSTER BROCKHAUS

VIERTE, ÜBERARBEITETE AUFLAGE

Ein buntes Bilder-ABC · F. A. Brockhaus Mannheim

Bitte beachten Sie die Anmerkungen für Eltern und Erzieher am Schluß des Bandes!

CIP-Titelaufnahme der Deutschen Bibliothek
Mein erster Brockhaus: ein buntes Bilder-ABC
4., überarb. Aufl. – Mannheim: Brockhaus, 1990
ISBN 3-7653-1544-3

Druck und Bindung: Neue Stalling GmbH, Oldenburg (Oldb.)
Printed in Germany
ISBN 3-7653-1544-3

aA

Adler

Ameisen

Amsel

Adventskranz

Affe

Abend

Ananas

Anker

Apfel

Apfelsine

Ähren

Auto

Anzug

Autobus

Armreif

Armbanduhr

Automat

Angler

Autobahn

Aquarium

Astronaut

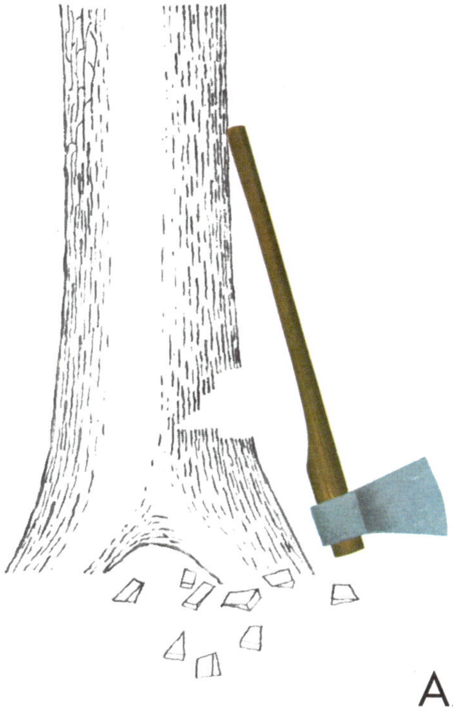

Axt

B b

Bälle

Banane

Bank

Bären

Bad

Bäcker

Ballspiel

Baum

FAHRKARTEN
Abfahrt
HANDGEPÄCK
Bremen
Basel
Bücher · Zeitschriften

Bahnhof

Bauernhof

Baukasten

Bett

Besen

Biene

Blatt

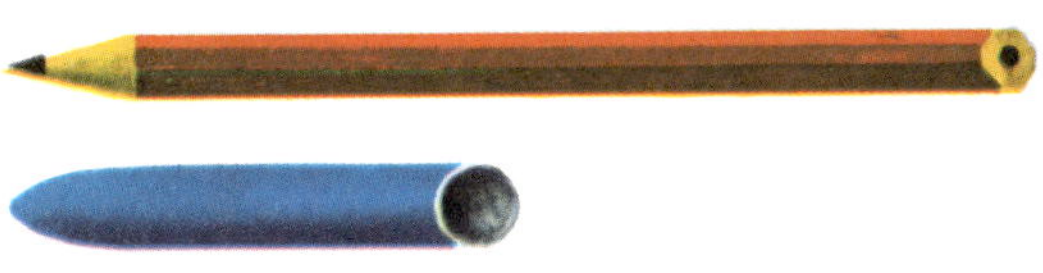

Bleistift

Birne

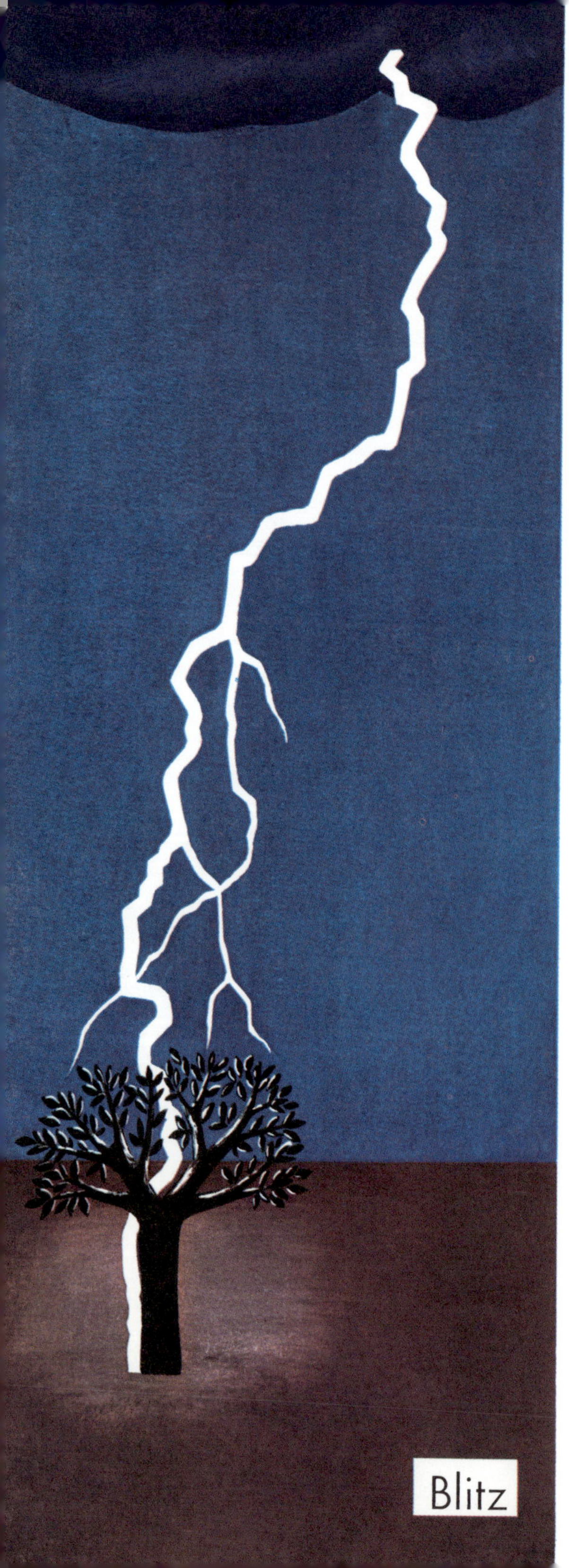

Blitz

Blockflöte

Blumentopf

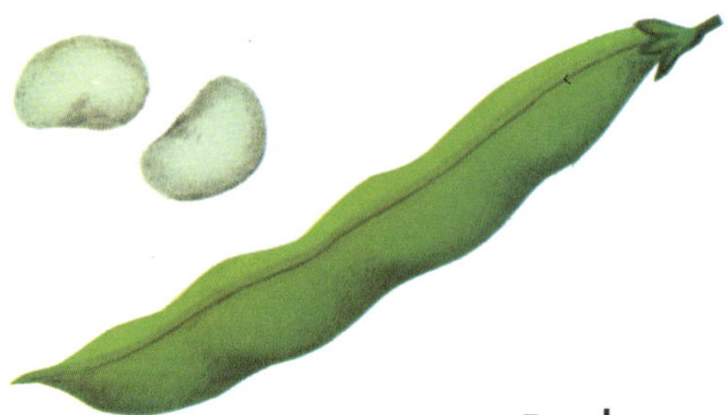

Bohne

Bohrer

Blumenstrauß

Bonbon

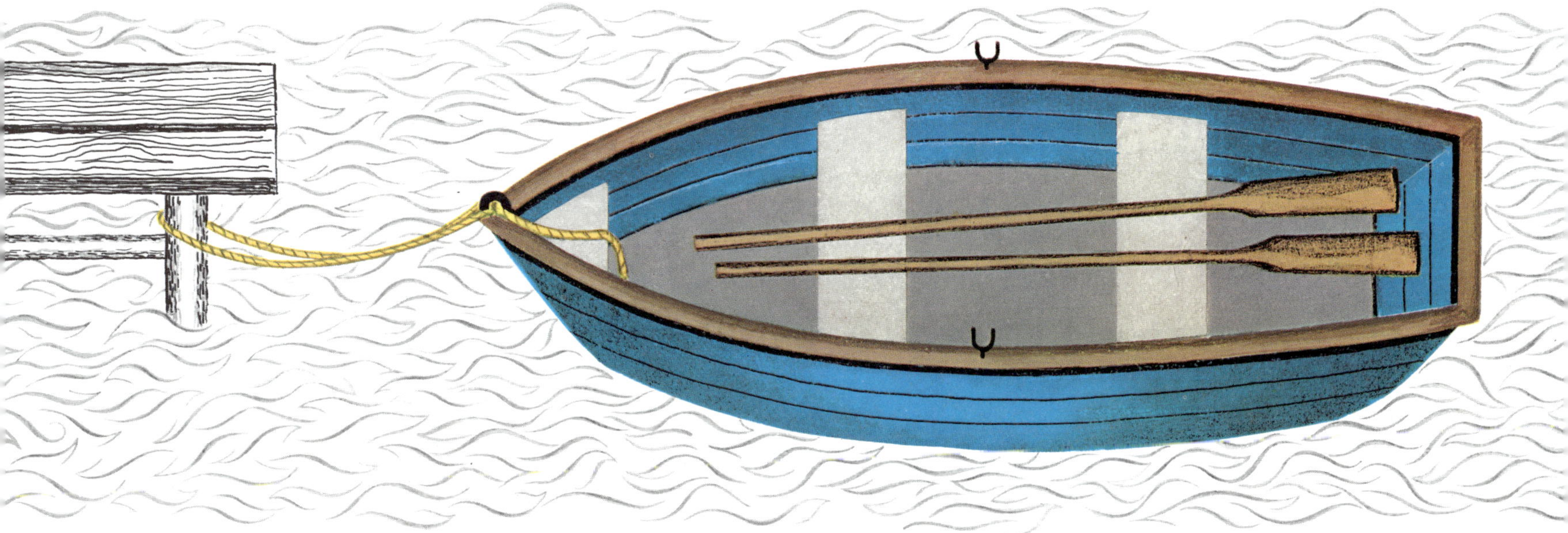

Boot

Brennessel

Brezel

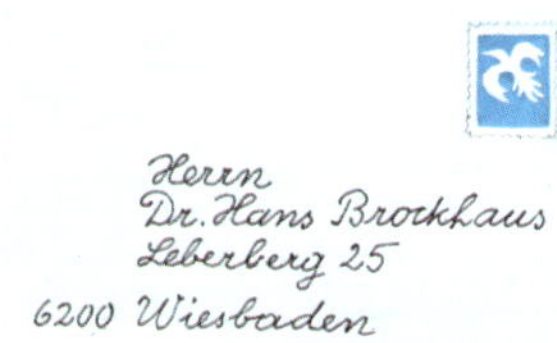

Brief

Briefmarken

Briefkasten

Briefträger

Brille

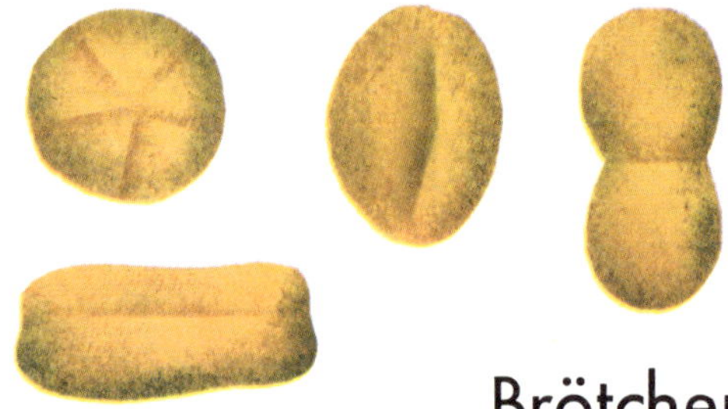

Brötchen

Brot

Brücke

Brunnen

Buch

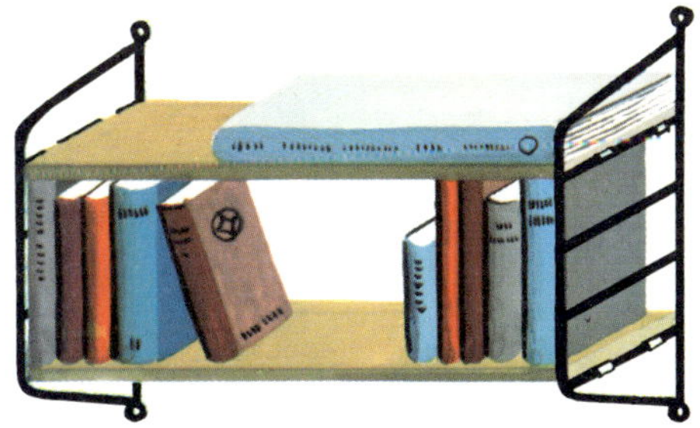

Bücherbrett

Bügeleisen

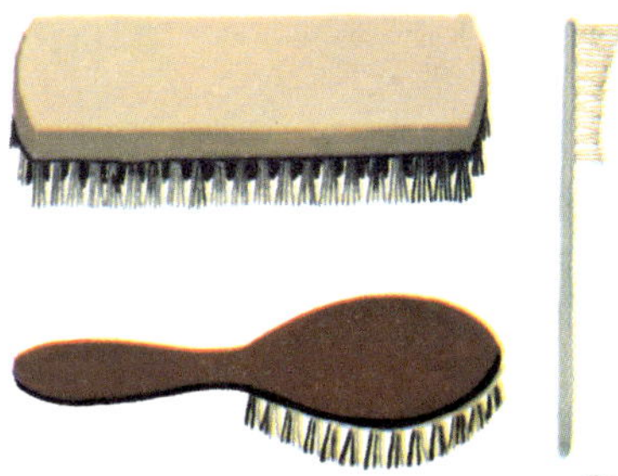

Bürsten

Butter

Butterblume

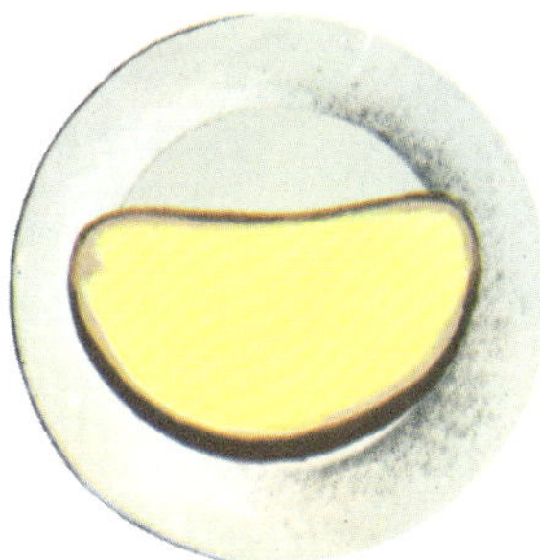

Butterbrot

Cc

Chor

Clown

Cowboy

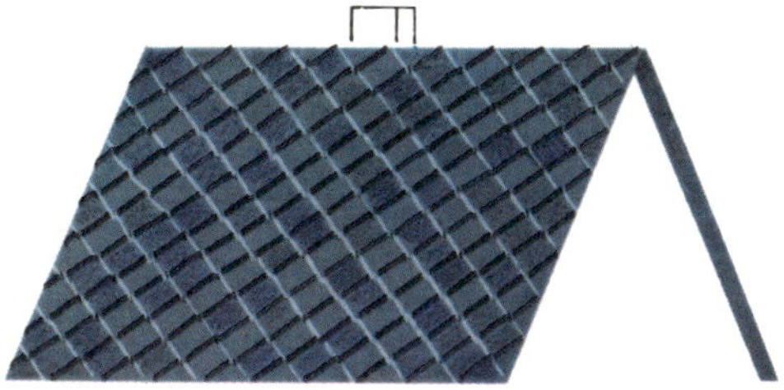

Dach

Dackel

dD

Dieselwalze

Dampfer

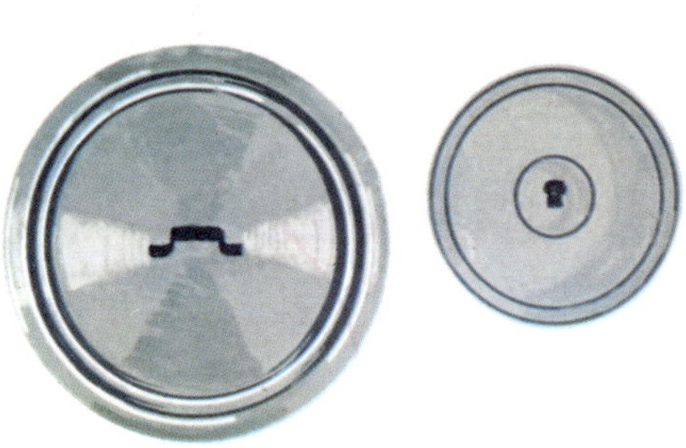

Deckel

Dose

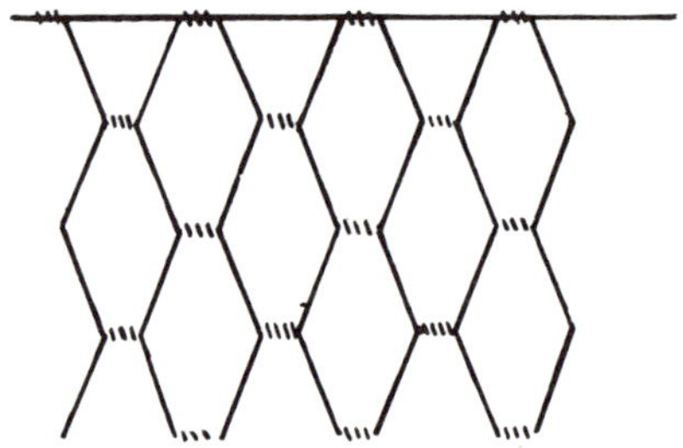

Drahtzaun

Distel

Dominospiel

Dreirad

Drossel

Drachen

E e

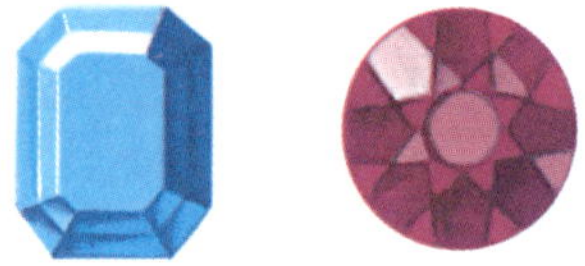

Edelsteine

Edelweiß

Efeu

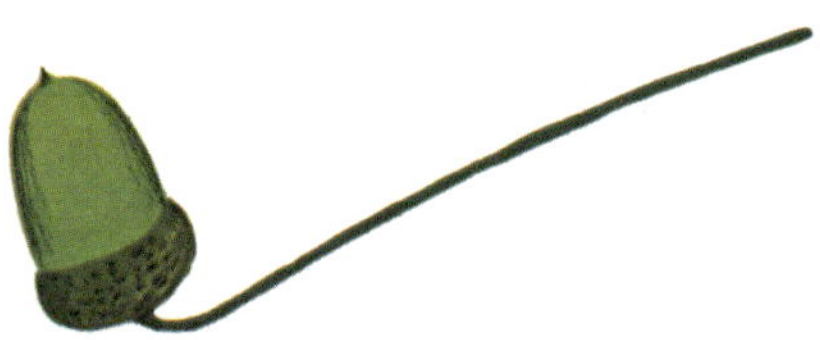

Eichel

Eichhörnchen

Eidechse

Eierbecher

Eimer

Einkochglas

Eislauf

Eismann

Elster

Elefant

Elektrizität

Ente

Enzian

Erbsen

Erdbeere

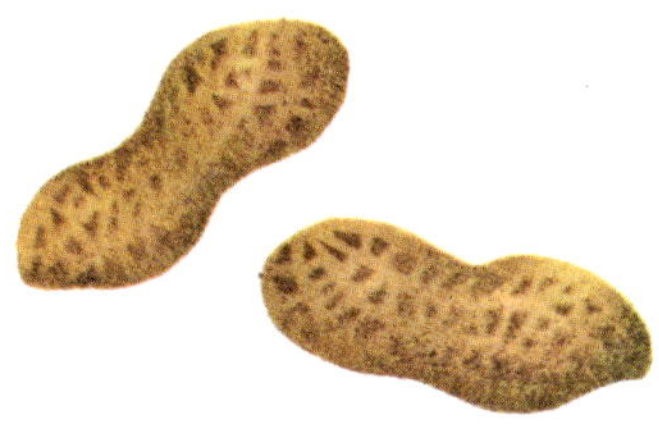

Erdnüsse

Erdkugel

Ernte

Erntekranz

Eule

Ese

fF

Fabrik

Faden

Fahne

Faß

Fahrrad

Familie

Feder

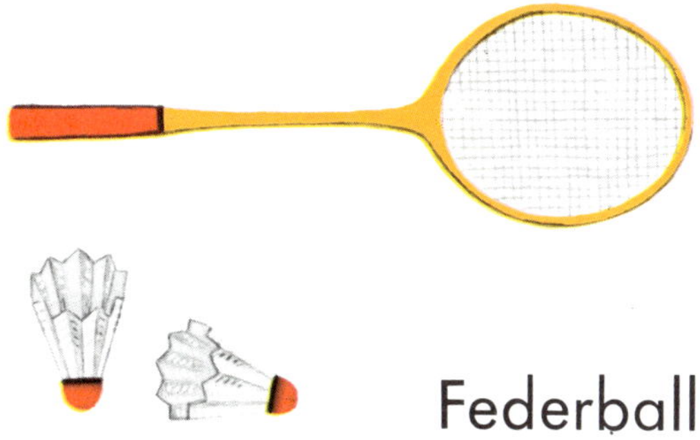

Federball

Fenster

Fernglas

Fernsehgerät

Fischer

Fastnacht

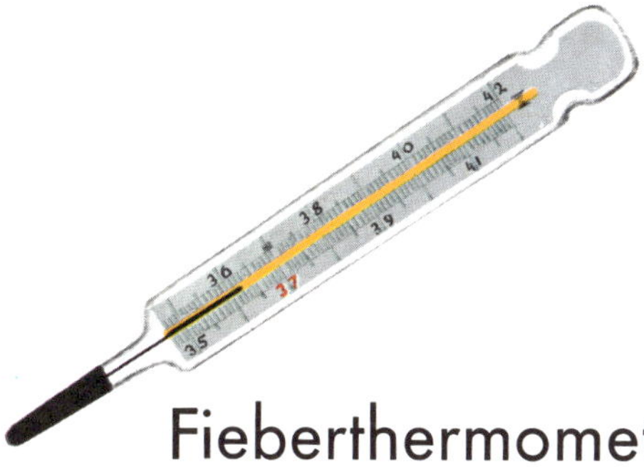

Fieberthermometer

Fingerabdruck

Fink

Flaschen

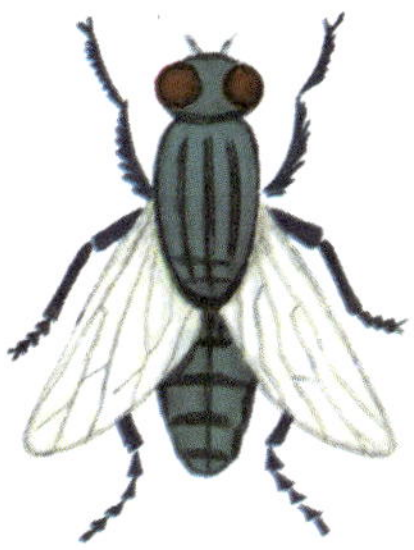
Fliege

Fliegenpilze

Flieder

Fluß Flugzeug

Friedhof

Frosch

Fuchs

Frühling

gG

Gänse

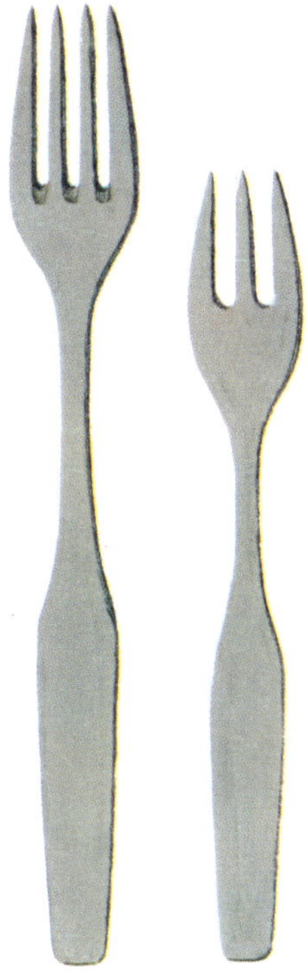

Gabeln

Gänseblümchen

Garage

Gartenschirm

Geige

Gewehr

Garten

Gasthaus

Geburtstagstisch

Gießkanne

Gitarre

Gläser

Giraffe

Glockenblume

Glühbirne

Goldfisch

Gurke

Glocke

hH

Haar

Haltestelle

Hagebutte

Hahn

CLARA
HAMBURG-AMERIKA-LINIE H.A.L.
Hafe

Hammer

Handtuch

Handwagen

Hampelmann

Handschuhe

Hase

Haus

Haselnüsse

Hausschuhe

Heidekraut

Heidelbeere

Heizkissen

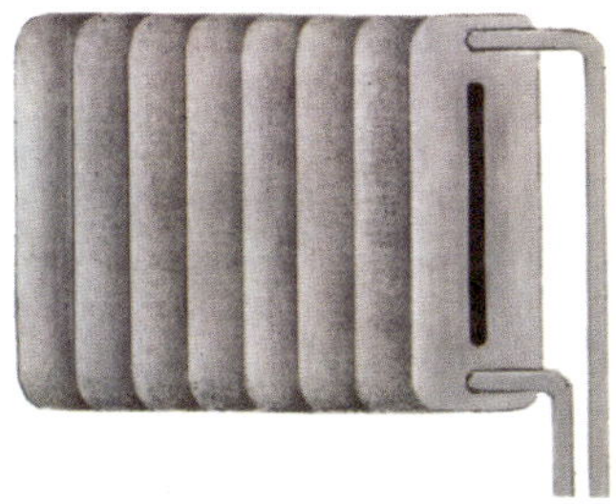

Heizkörper

Heinzelmännchen

Hexe

Herbst

Himbeere

Heuschrecke

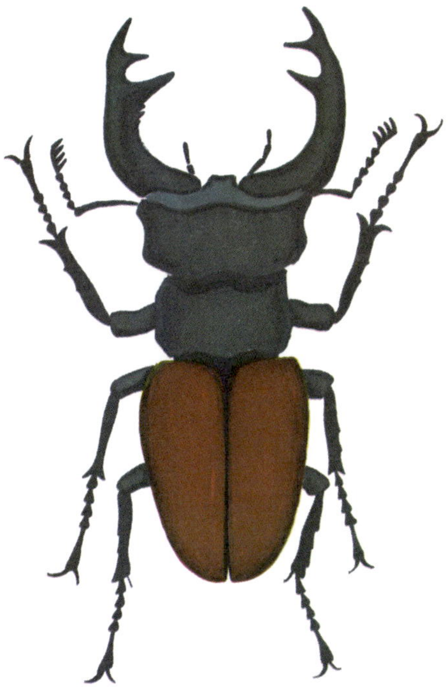

Hirschkäfer

Hirsch

Hochhaus

Hochzei

Hose

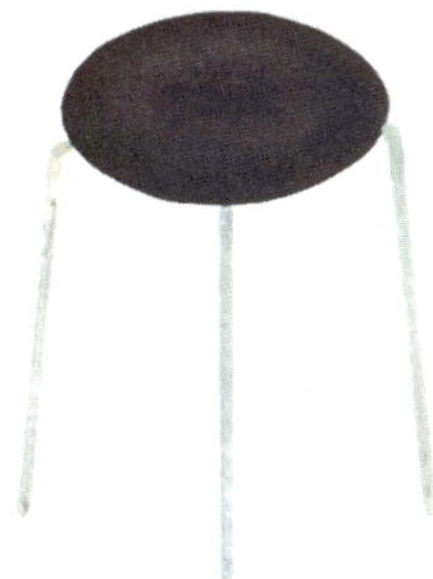

Hocker

Huhn

Hummel

Hut

Hyazinthe

Hufeisen

Hunde

Indianer

i I

Igel

Insel

J j

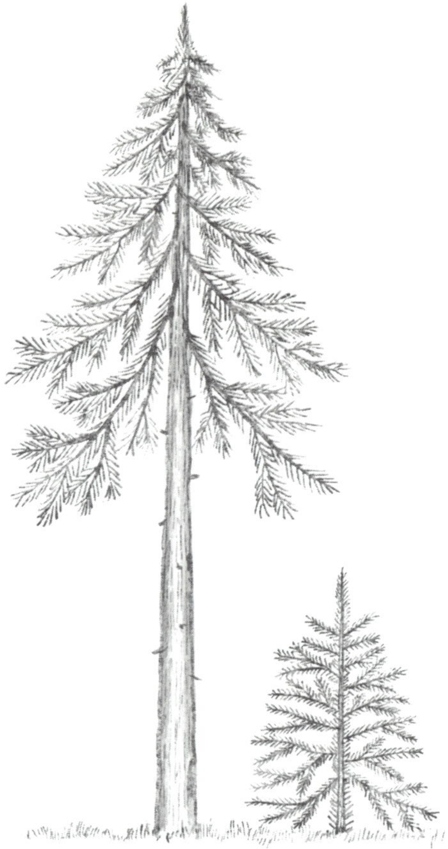

Jäger

Jacke

Johannisbeere

Junge

kK

Kamel

Kaffeekanne

Kaffeemaschine

Kaktus

Kamm

Kanarienvogel

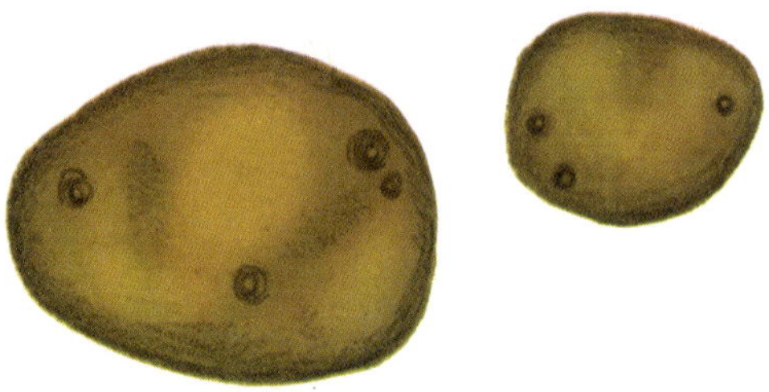

Kartoffeln

Käse

Kaninchen

Kasse

Kastanien

Karussell

Kasperletheater

Katze

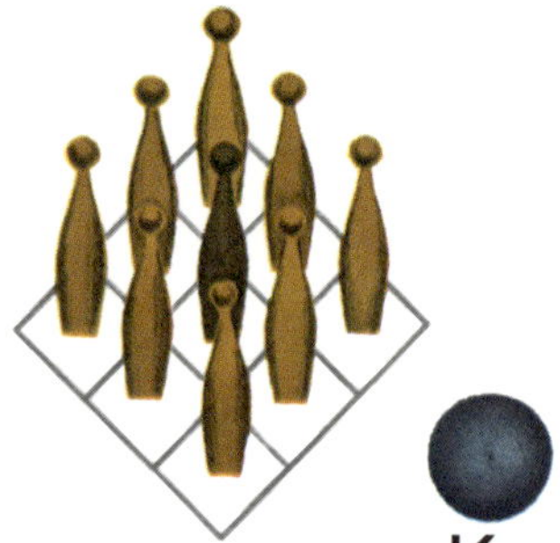

Kegelspiel

Keks

Kerze

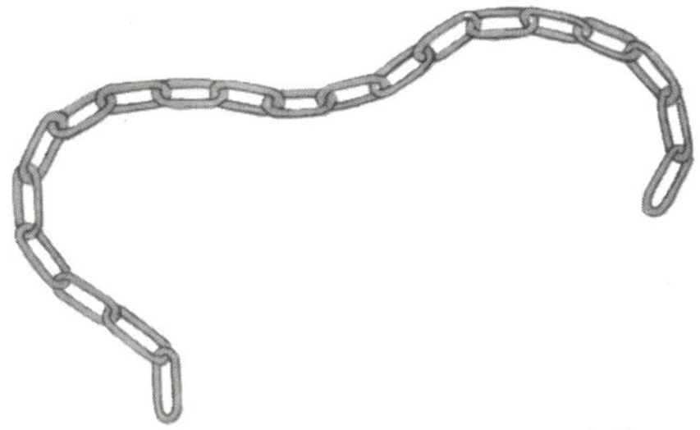

Kette

Kaufmannsladen

Kindergarten

Kino

Kinderwagen

Kleeblatt

Kiste

Kleid

Kirsche

Kissen

Klavier

Kirche

Kochlöffel

Kochtopf

Koffer

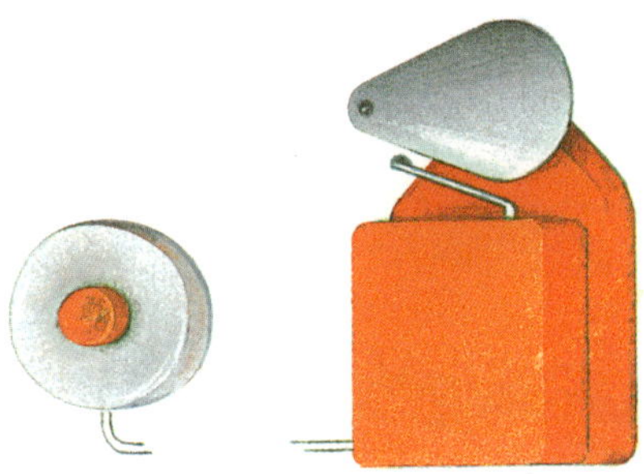

Klingel

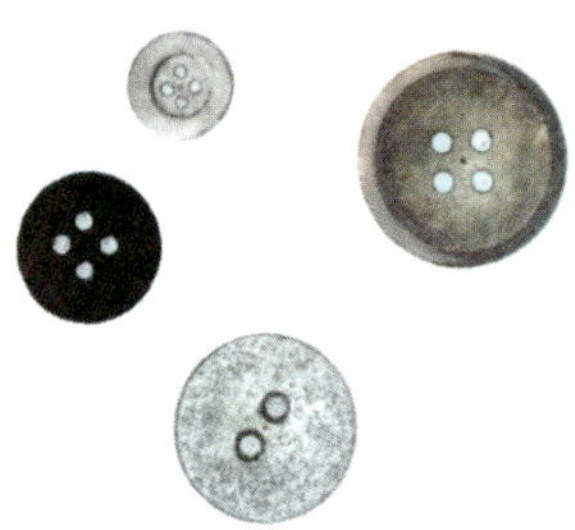

Knöpfe

Knochen

Königin König

Krokodil

Krone

Kohl

Kühlschrank

Küche

Kühe

Ll

Lampions

Laufställchen

Lastwagen

Leuchtturm

Leopard

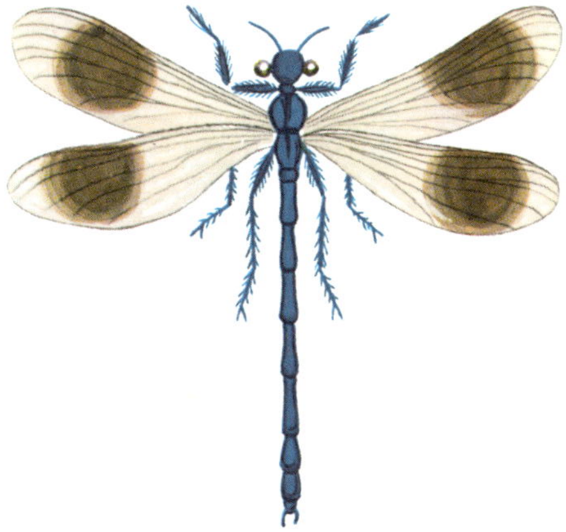

Libelle

Lilie

Lineal

Löffel

Lokomotiver

Löwe

Löwenzahn

Luftballon

Lutscher

Mm

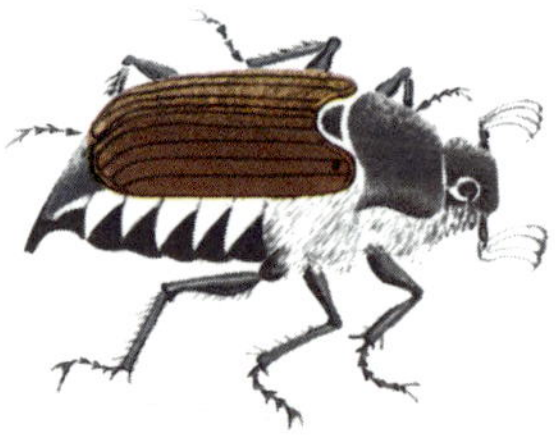

Maikäfer

Maiglöckchen

Mandel

Mädchen

Maiskolben

Mantel

Margerite

ZEMENT
Maurer

Maler

Marienkäfer

Maus

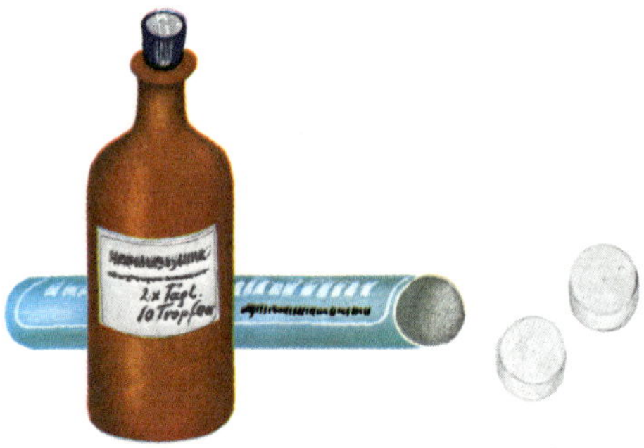

Medizin

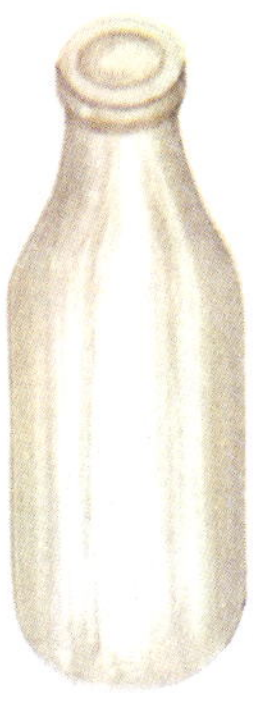

Milchflasche

Maske

Messer

Mispel

Matrose

Mistkäfer

Markt

Metzgerladen

Moped

Möhre

Mond

Motorboot

Mücke

Morgen

Müllauto Mülltonnen

Mundharmonika

Muschel

Mütze

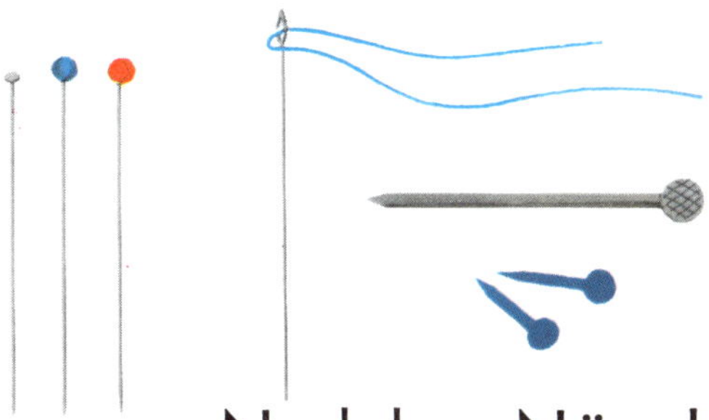

Nadeln Nägel

Narr

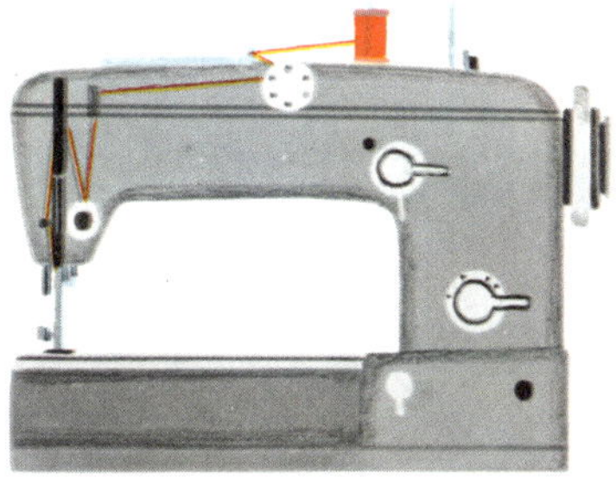

Nähmaschine

Nelke

Netz

nN

Nikolaus

Nilpferd

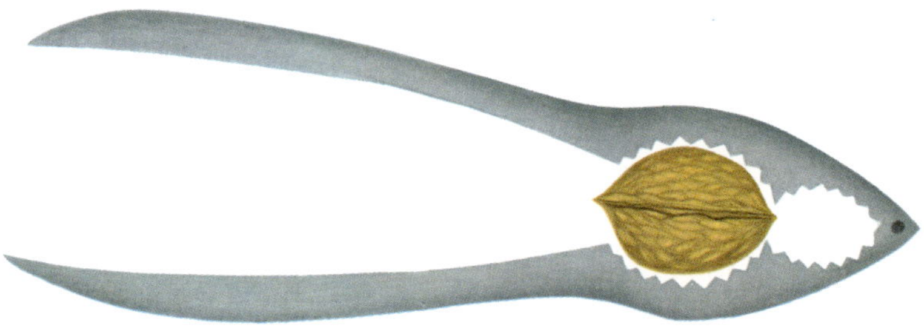

Nußknacker

Nuß

o O

Ostereier

Ofen

Orgel

Pp

Papagei

Palme

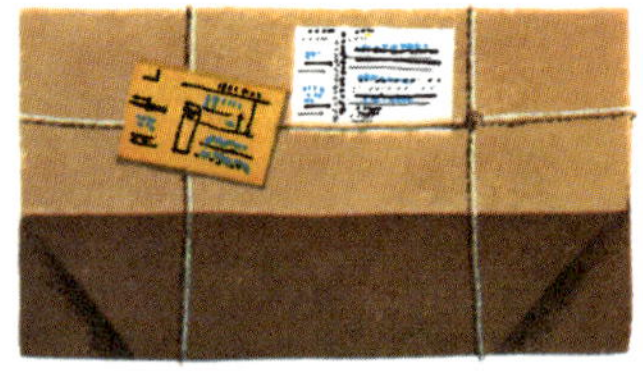

Paket

Papierkorb

Peitsche

Perlenkette

Park

Pfanne Pfannkuchen

Pfeife

Pferd

Pfirsich

Photoapparat

Polizist

Pflaume

Pinsel

Pudel

Puppenwagen

Pflug

Pudding

Pos

qQ

Quelle

Qualle

Quirl

Rr

Rabe

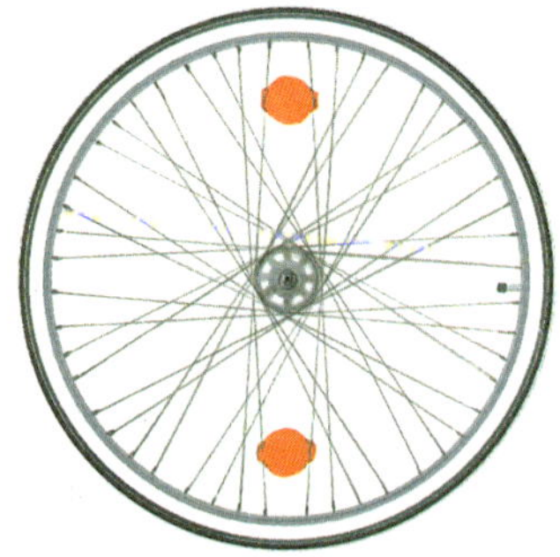

Rad

Radieschen

Radio

Raupe

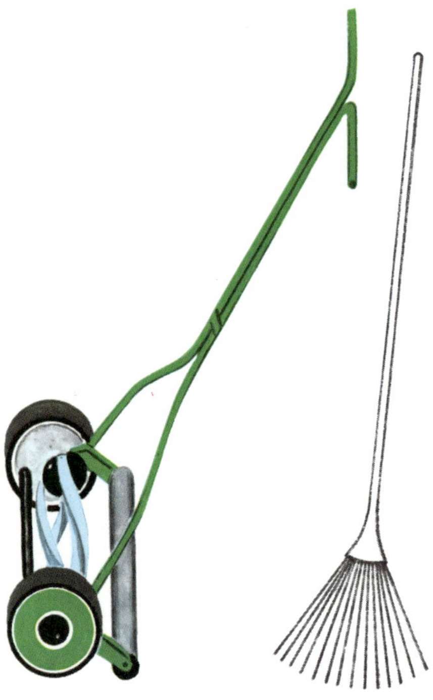

Rasenmäher

Reiter

Regenschirm

Regenwurm

Regenbogen

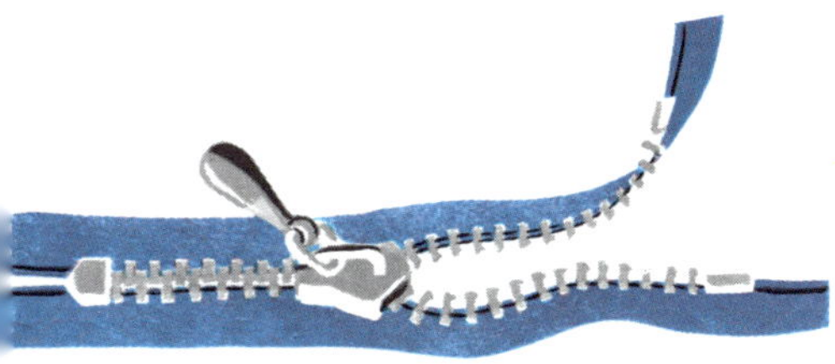

Reißverschluß

Reh

Riegel

Rock

Ritter

Rohr

Röhren

Rose

Rucksack

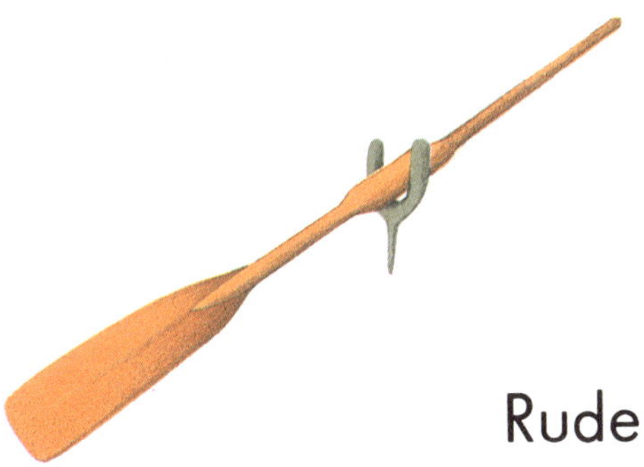

Ruder

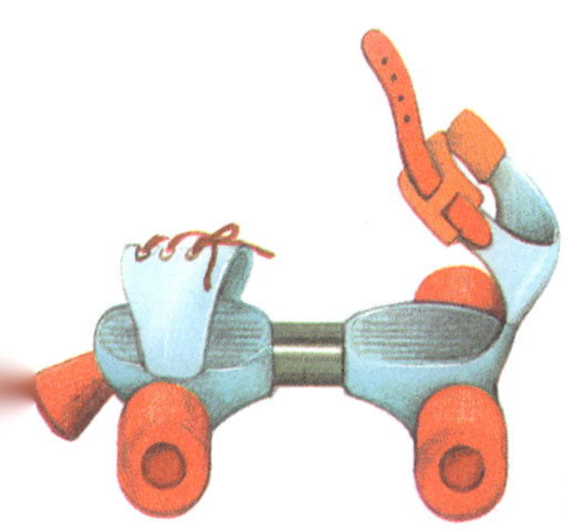

Rollschuh

Rutschbahn

Ss

Schaffner

Sack

Säge

Salzstreuer

Sandalen

Schaf

Schäfer

Schmied

Schachtel

Schal

Schallplatte

Schaufel

Schaukel

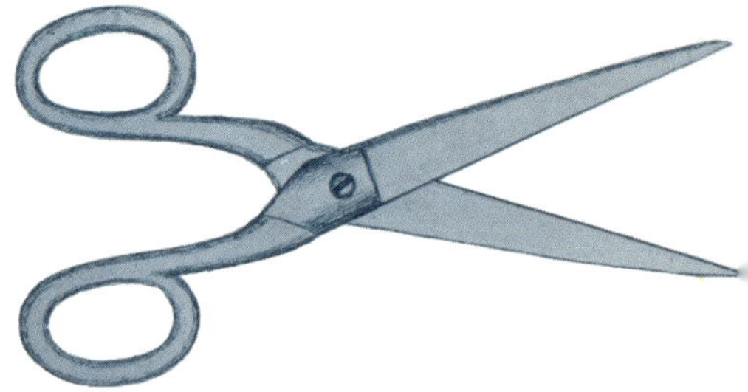

Schere

Schienen

Schaukelpferd

Schildkröte

Schinken

Schlafanzug

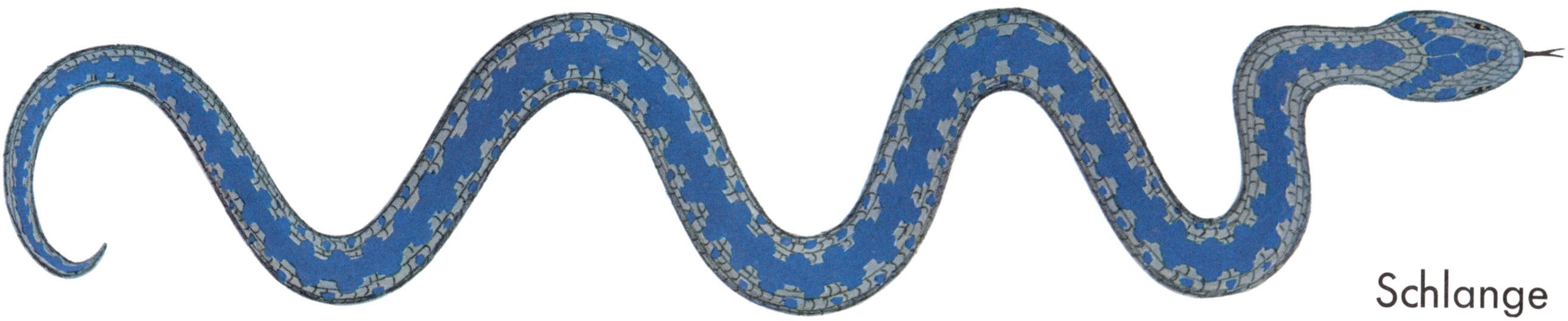

Schlange

Schleife

Schlitten

Schlittschuh

Schloß

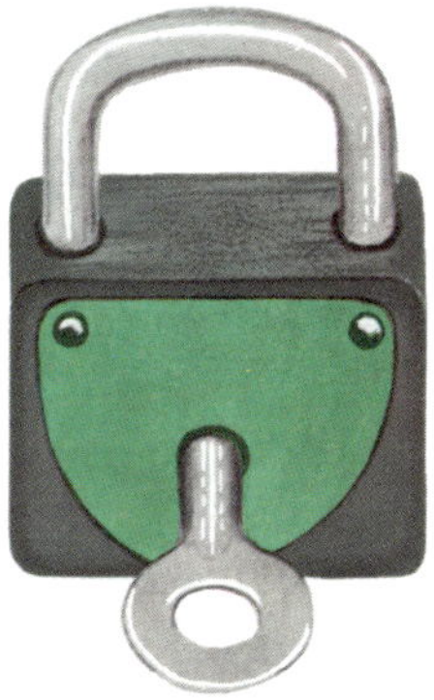

Schloß

Schmetterling

Schlüssel

Schlüsselblume

Schnecke

Schneeglöckchen

Schneider

SOHLEN
Schuhmacher

Schneemann

Schornsteinfeger

Schokolade

Schornstein

Schrank

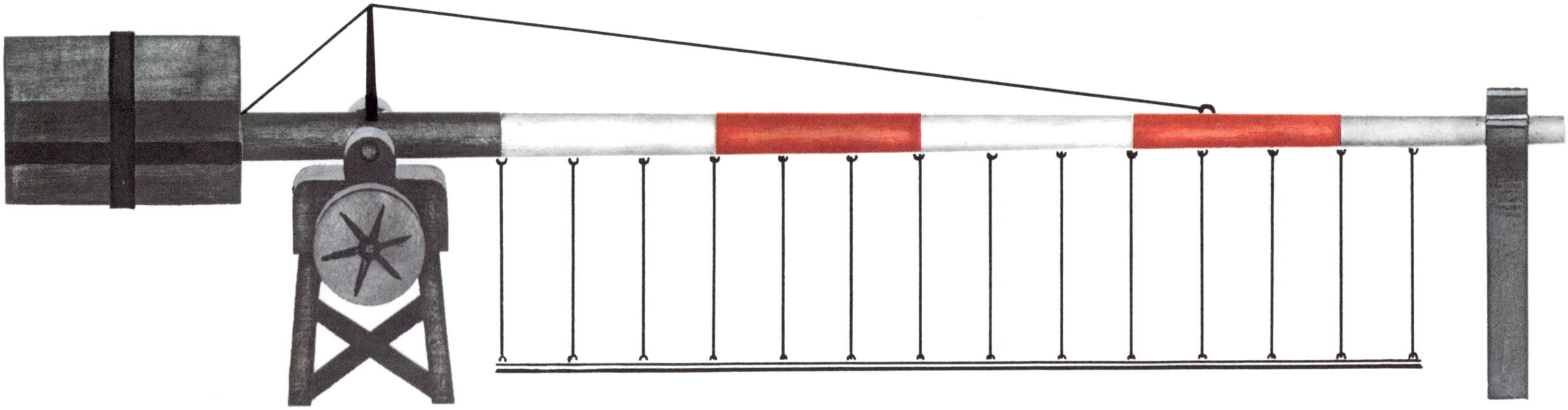

Schranke

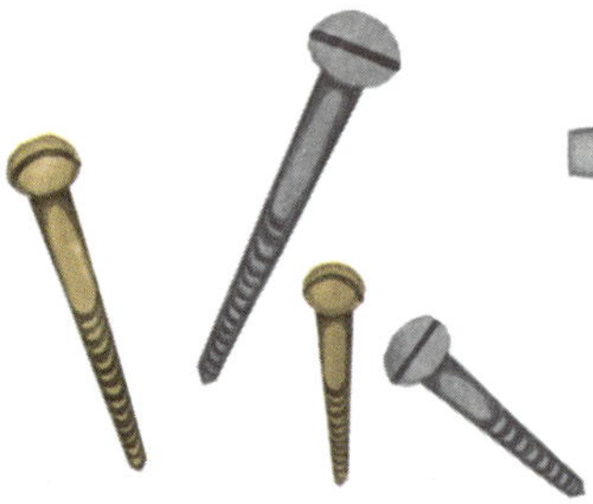

Schrauben

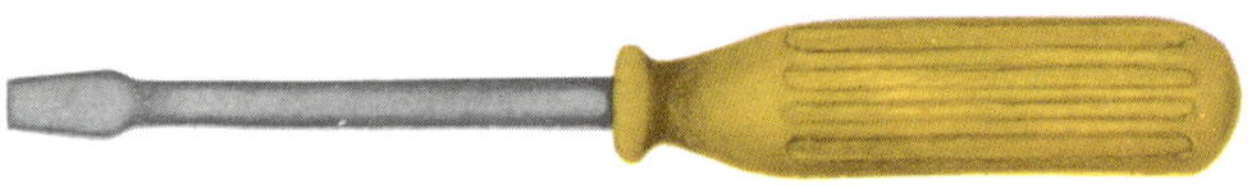

Schraubenzieher

Schreibmaschine

Schubkarre

Schuhe

Schulklasse

Schulranzen

Schwalbe

Schwamm

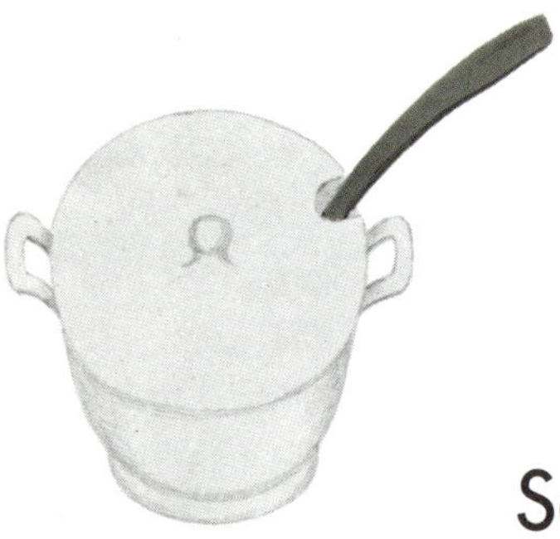

Schüssel

Schwan

Schwimmbad

Schwein

Seerose

Seehund

Seestern

See Segelboot

Seife

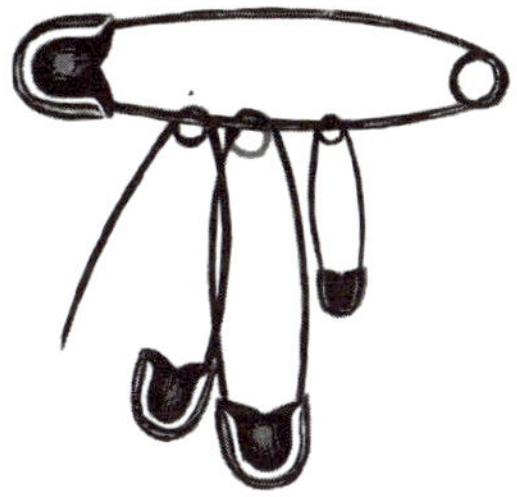

Sicherheitsnadeln

Sieb

Seifenblase

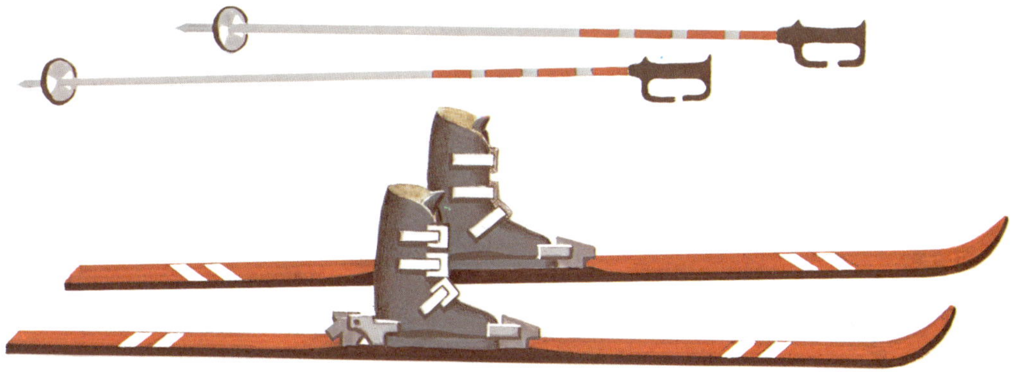

Skier Skistiefel Skistöcke

Skateboard

Sessel

Sofa

Sommer

Sonne Sonnenblumen

Sparbüchse

Spatz

Specht

Spargel

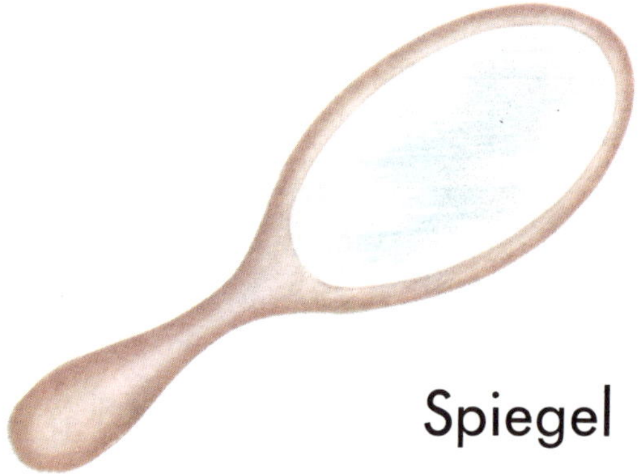

Spiegel

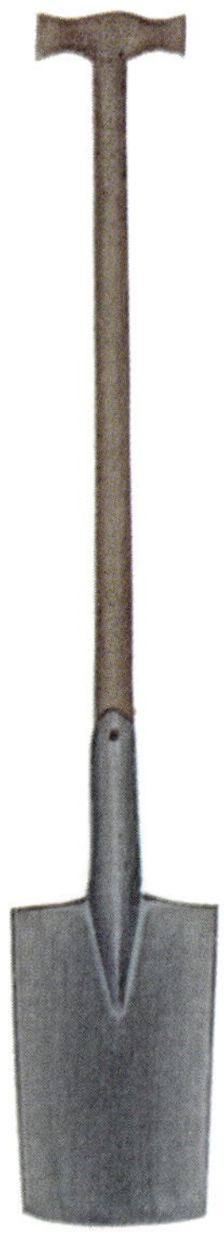

Spaten

Spinne

Spielplatz

Sportplatz

Spitz

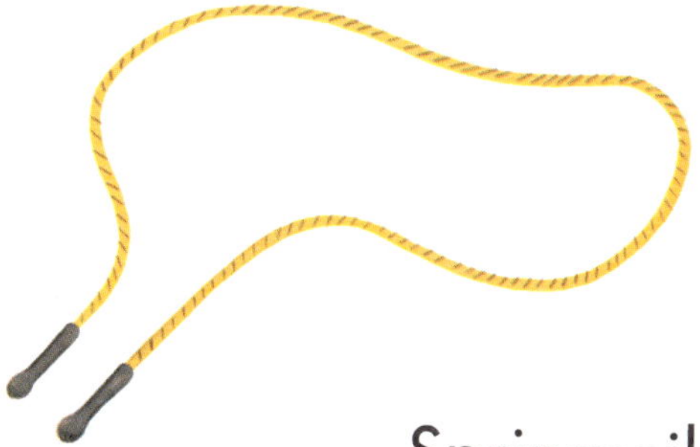
Springseil

Stachelbeeren

Springbrunnen

Star

Staubsauger

Steine

Sterne

Stiefel

Stiefmütterchen

Storch

Strand

Straße

Straßenbahn

Strohhalme

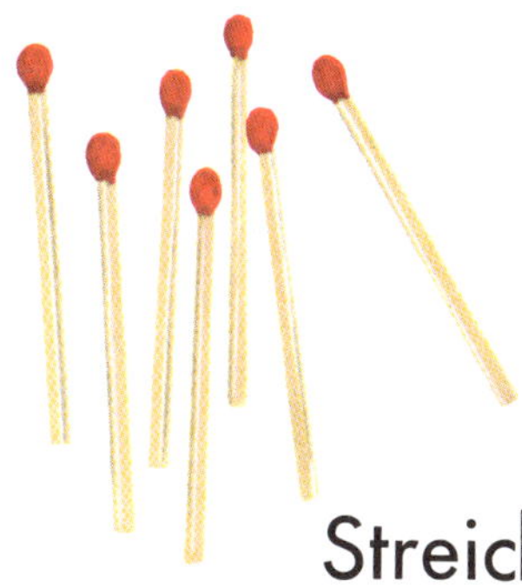

Streichhölzer

Strümpfe

Stuhl

T t

Tablett

Tafel

Tanne

Tasche

Taschenlampe

Taschenmesser

Taschentuch

Tasse

Teddybär

Taube

Teekanne

Telefon

Teller

Tinte

Tisch

Tomaten

Töpfchen

To

Teppiche

Tiger

Traktor

Trommel

Trompete

Turm

Treppe

Tulpe

Turnen

u U

Tunnel

Uhu

Urwald

v V

Vase

Veilchen

Vergißmeinnicht

Vogelnest

Verkehrsampel

Vogelbauer

Vogelscheuche

Vogelhäuscher

w W

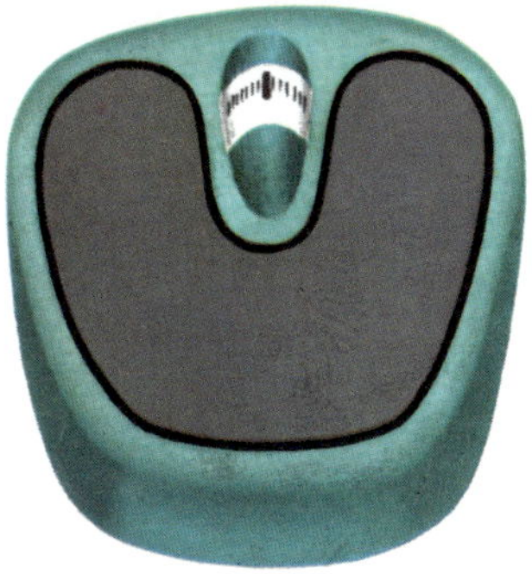

Waage

Wärmflasche

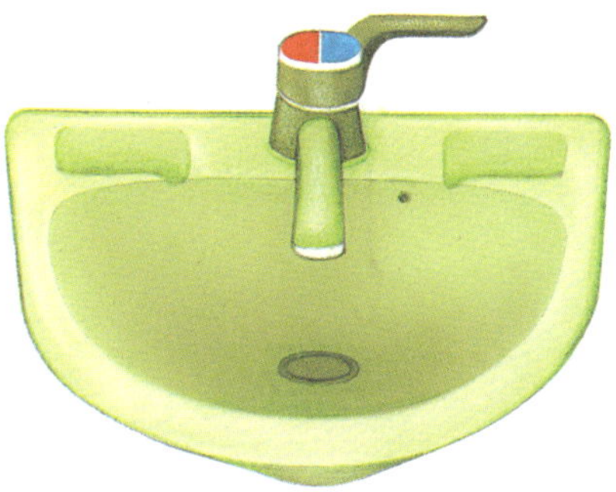

Waschbecken

Wäscheklammern

Waschlappen

Waschmaschine

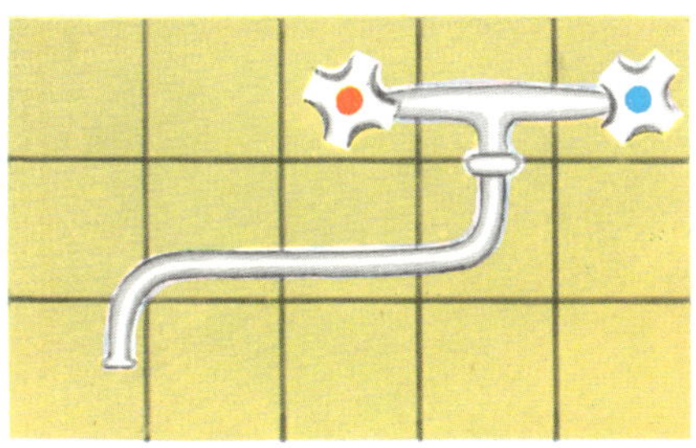

Wasserhahn

Wasserkessel

Wecker

Weintraube

Wald

Weihnachten

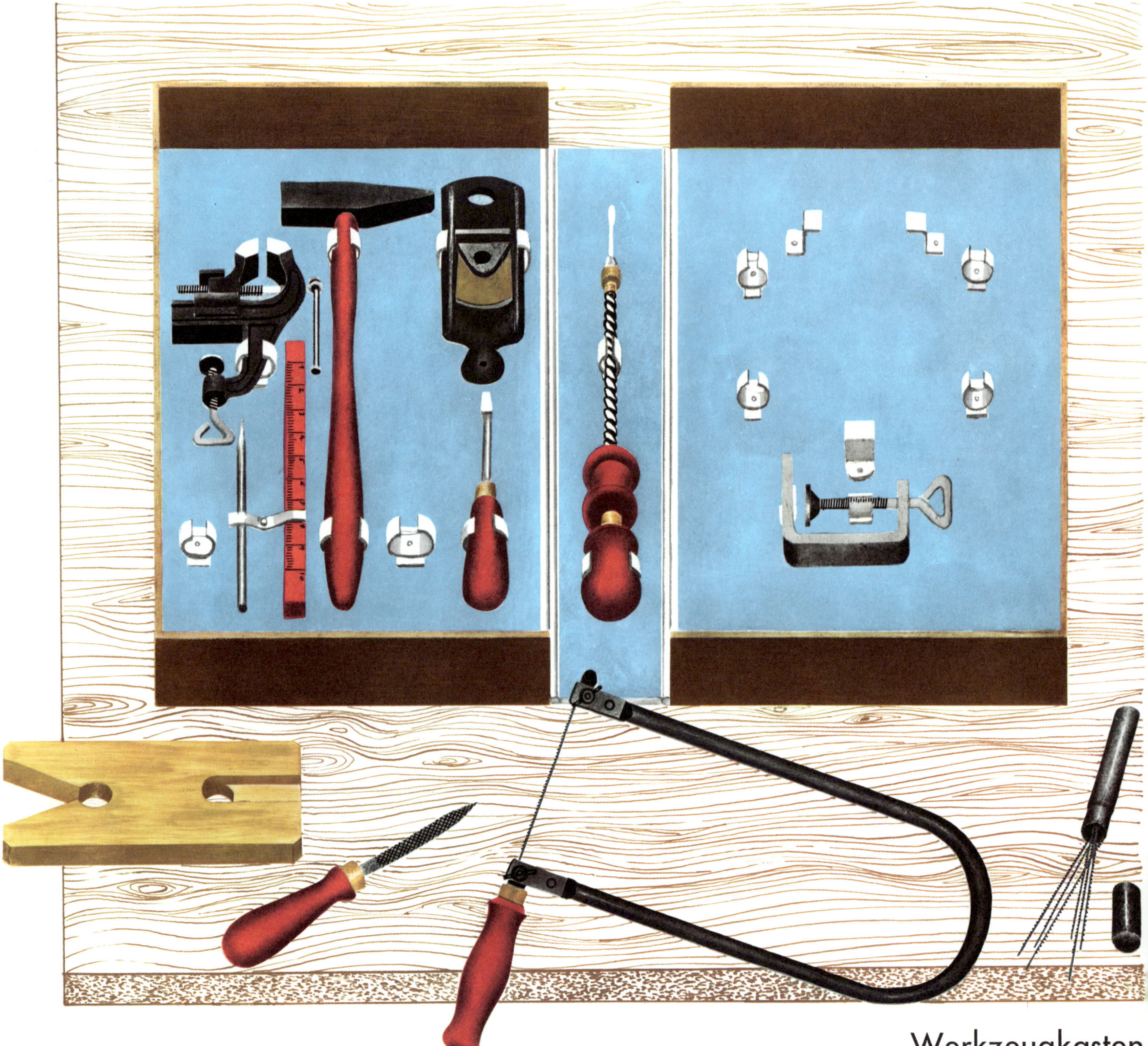

Werkzeugkasten

Wespe

Wolf

Wiege

Wolken

Würfel

Wolle

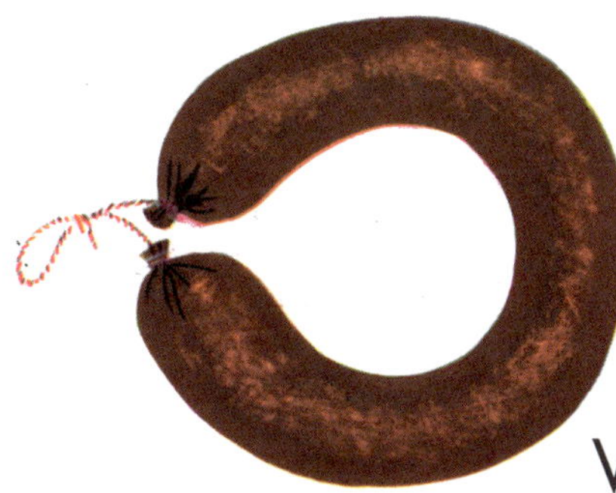

Wurst

Winter

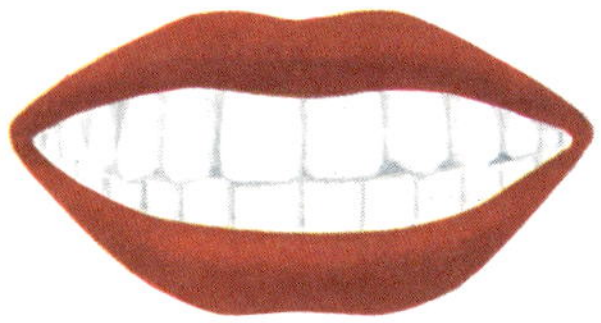

Zähne

Zahnbürste

Zahnpasta

Zange

zZ

Zebra

Zaun

Zeitung

Zelte

Zirkus

Zoo

Ziege

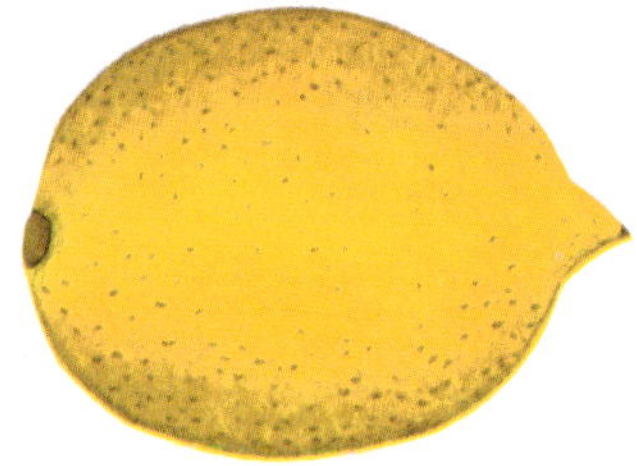

Zitrone

Zwerg

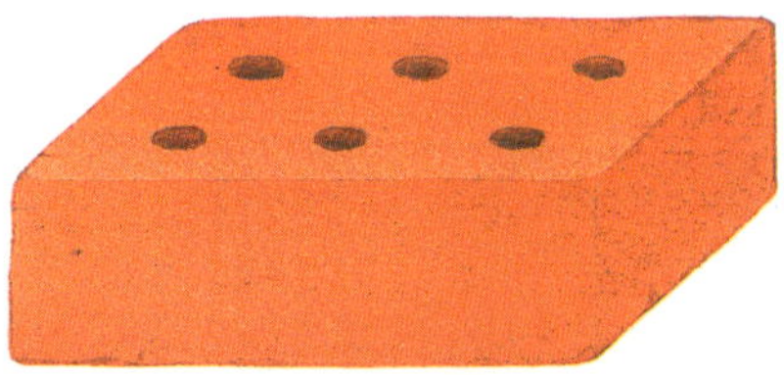

Ziegelstein

Zigarette

Ziehharmonika

Zigarre

Zwiebel

MEIN ERSTER BROCKHAUS

DIE FIBEL DES KLEINKINDES

An die Eltern und Erzieher

Unter dem großen Angebot von Bilderbüchern, die als „Bildlexika für Kinder" herausgebracht wurden, fehlt das Bilder-Abc für das Kind zwischen drei und sechs Jahren. Es kann noch nicht lesen und schreiben, es lebt aber in einer eigenen reichen Vorstellungswelt und entwickelt in seinen Zeichnungen und Malereien eine eigene Bildsprache. Anders als der Erwachsene sieht das Kind die Menschen, Tiere und Dinge, die es umgeben, in ihrer Wesensform, nicht in ihrem optischen Erscheinungsbild, wie es die Kamera zeigt.
In der kindlichen Bildsprache gibt es keine Schatten, keine optischen Täuschungen und Verkürzungen, wie sie in der Perspektive auftreten. Ebenso mischt das Kind die Farben nach ihrer Bedeutung im Bild; mit Licht- und Schattenwirkungen aus ästhetischen Gründen weiß es nichts anzufangen.
Das Kind hat eine reiche Phantasie und liebt gerade deshalb die sachliche Darstellung der Wesen und der Dinge. Darum ist es von den phantasiebetonten, künstlerisch wertvollen modernen Bilderbüchern, die für uns Erwachsene ein hoher ästhetischer Genuß sind, oft enttäuscht. Diese sprechen das Kind weniger an, weil es seine eigene Phantasie an Bildern, die es in Form und Farbwirkung überfordern, nicht entwickeln kann.
MEIN ERSTER BROCKHAUS soll dem Kind im Kindergartenalter und im ersten Schulalter eine echte Hilfe sein, die Umwelt in ihren mannigfaltigen Bildeindrücken aus eigener Aktivität kennen und bezeichnen zu lernen. Im Sinne der „Ganzwortmethode" ist darum jedem Bild das bezeichnende Schriftbild beigefügt. In der Reihung der Einzelgegenstände nach dem Abc fügen sich „Erzählbilder" ein. Mit ihrem reichen Inhalt bilden sie willkommene Abwechslung, fesseln sie die Phantasie und helfen sie dem Kind, das Einzelne im größeren sachlichen und bildlichen Zusammenhang wiederzuentdecken – eine Vorstufe zu der Erkenntnis, daß Einzelwesen und Einzelgegenstand sich erst im Beieinander und Miteinander voll entfalten können.

Daß dieses Kinderlexikon herausgebracht werden konnte, ist dem Zusammenwirken mit Professor Ernst Röttger(†) von der Hochschule für bildende Künste in Kassel zu verdanken. Zusammen mit der Redaktion hat er aus seiner reichen pädagogischen Erfahrung die Auswahl der Gegenstände und Themen getroffen sowie eine Form- und Farbgebung der Bilder entwickelt, die der schwierigen Aufgabe gewachsen sind, kindliche Phantasie und Wirklichkeit, Spiel und Belehrung in Einklang zu bringen. Entwurf und Ausführung der Bilder lag bei den Graphikern Gerhard Wawra (246 Bilder), Dieter von Andrian (218 Bilder), Paul Froitzheim (85 Bilder), ehemalige Schüler der Kasseler Akademie, sowie Edgar Winkelmann (56 Bilder).
In den letzten Jahren erreichten den Verlag aus dem Kreise von Eltern und Erziehern zahlreiche Anregungen. Soweit sie zu verwirklichen waren, ist ihnen der Verlag in seiner überarbeiteten vierten Auflage gefolgt.
Das Register enthält in alphabetischer Reihenfolge alle in dem Buch genannten Begriffe in ihrer Einzahl- und Mehrzahlform mit dem dazugehörigen Geschlechtswort. Es soll dem bereits lesekundigen Kind eine erste Orientierungshilfe sein und ist nicht zuletzt für die im Ausland Deutsch lernenden Kinder gedacht.

Mannheim, im Herbst 1990 F. A. BROCKHAUS

Die in diesem Buch gezeigten Abbildungen Einzahl und Mehrzahl

der Abend, die Abende
der Adler, die Adler
der Adventskranz, die Adventskränze
der Affe, die Affen
die Ähre, die Ähren
die Ameise, die Ameisen
die Amsel, die Amseln
die Ananas, die Ananas(se)
der Angler, die Angler
der Anker, die Anker
der Anzug, die Anzüge
der Apfel, die Äpfel
die Apfelsine, die Apfelsinen
das Aquarium, die Aquarien
die Armbanduhr, die Armbanduhren
der Armreif, die Armreife
der Astronaut, die Astronauten
das Auto, die Autos
die Autobahn, die Autobahnen
der Autobus, die Autobusse
der Automat, die Automaten
die Axt, die Äxte

der Bäcker, die Bäcker
das Bad, die Bäder
der Bahnhof, die Bahnhöfe
der Ball, die Bälle
das Ballspiel, die Ballspiele
die Banane, die Bananen
die Bank, die Bänke
der Bär, die Bären
der Bauernhof, die Bauernhöfe
der Baukasten, die Baukästen
der Baum, die Bäume
der Besen, die Besen
das Bett, die Betten
die Biene, die Bienen
die Birne, die Birnen
das Blatt, die Blätter
der Bleistift, die Bleistifte
der Blitz, die Blitze
die Blockflöte, die Blockflöten
der Blumenstrauß, die Blumensträuße
der Blumentopf, die Blumentöpfe
die Bohne, die Bohnen
der Bohrer, die Bohrer
das Bonbon, die Bonbons
das Boot, die Boote
die Brennessel, die Brennesseln
die Brezel, die Brezeln
der Brief, die Briefe
der Briefkasten, die Briefkästen
die Briefmarke, die Briefmarken
der Briefträger, die Briefträger
die Brille, die Brillen
das Brot, die Brote
das Brötchen, die Brötchen
die Brücke, die Brücken
der Brunnen, die Brunnen
das Buch, die Bücher
das Bücherbrett, die Bücherbretter
das Bügeleisen, die Bügeleisen
die Bürste, die Bürsten
die Butter, —
die Butterblume, die Butterblumen
das Butterbrot, die Butterbrote

der Chor, die Chöre
der Clown, die Clowns
der Cowboy, die Cowboys

das Dach, die Dächer
der Dackel, die Dackel
der Dampfer, die Dampfer
der Deckel, die Deckel
die Dieselwalze, die Dieselwalzen
die Distel, die Disteln
das Dominospiel, die Dominospiele
die Dose, die Dosen
der Drachen, die Drachen
der Drahtzaun, die Drahtzäune
das Dreirad, die Dreiräder
die Drossel, die Drosseln

der Edelstein, die Edelsteine
das Edelweiß, die Edelweiße
der Efeu, —
die Eichel, die Eicheln
das Eichhörnchen, die Eichhörnchen
die Eidechse, die Eidechsen
der Eierbecher, die Eierbecher
der Eimer, die Eimer
das Einkochglas, die Einkochgläser
der Eislauf, die Eisläufe
der Eismann, die Eismänner
der Elefant, die Elefanten
die Elektrizität, —
die Elster, die Elstern
die Ente, die Enten
der Enzian, die Enziane
die Erbse, die Erbsen
die Erdbeere, die Erdbeeren
die Erdkugel, —
die Erdnuß, die Erdnüsse
die Ernte, die Ernten
der Erntekranz, die Erntekränze
der Esel, die Esel
die Eule, die Eulen

die Fabrik, die Fabriken
der Faden, die Fäden
die Fahne, die Fahnen
das Fahrrad, die Fahrräder
die Familie, die Familien
das Faß, die Fässer
die Fastnacht, —
die Feder, die Federn
der Federball, die Federbälle
das Fenster, die Fenster
das Fernglas, die Ferngläser
das Fernsehgerät, die Fernsehgeräte
das Fieberthermometer,
die Fieberthermometer
der Fingerabdruck, die Fingerabdrücke
der Fink, die Finken
der Fischer, die Fischer
die Flasche, die Flaschen
der Flieder, —
die Fliege, die Fliegen
der Fliegenpilz, die Fliegenpilze

das Flugzeug, die Flugzeuge
der Fluß, die Flüsse
der Friedhof, die Friedhöfe
der Frosch, die Frösche
der Frühling, die Frühlinge
der Fuchs, die Füchse

die Gabel, die Gabeln
die Gans, die Gänse
das Gänseblümchen, die Gänseblümchen
die Garage, die Garagen
der Garten, die Gärten
der Gartenschirm, die Gartenschirme
das Gasthaus, die Gasthäuser
der Geburtstagstisch, die Geburtstagstische
die Geige, die Geigen
das Gewehr, die Gewehre
die Giraffe, die Giraffen
die Gießkanne, die Gießkannen
die Gitarre, die Gitarren
das Glas, die Gläser
die Glocke, die Glocken
die Glockenblume, die Glockenblumen
die Glühbirne, die Glühbirnen
der Goldfisch, die Goldfische
die Gurke, die Gurken

das Haar, die Haare
der Hafen, die Häfen
die Hagebutte, die Hagebutten
der Hahn, die Hähne
die Haltestelle, die Haltestellen
der Hammer, die Hämmer
der Hampelmann, die Hampelmänner
der Handschuh, die Handschuhe
das Handtuch, die Handtücher
der Handwagen, die Handwagen
der Hase, die Hasen
die Haselnuß, die Haselnüsse
das Haus, die Häuser
der Hausschuh, die Hausschuhe
das Heidekraut, —
die Heidelbeere, die Heidelbeeren
das Heinzelmännchen, die Heinzelmännchen

das Heizkissen, die Heizkissen
der Heizkörper, die Heizkörper
der Herbst, die Herbste
die Heuschrecke, die Heuschrecken
die Hexe, die Hexen
die Himbeere, die Himbeeren
der Hirsch, die Hirsche
der Hirschkäfer, die Hirschkäfer
das Hochhaus, die Hochhäuser
die Hochzeit, die Hochzeiten
der Hocker, die Hocker
die Hose, die Hosen
das Hufeisen, die Hufeisen
das Huhn, die Hühner
die Hummel, die Hummeln
der Hund, die Hunde
der Hut, die Hüte
die Hyazinthe, die Hyazinthen

der Igel, die Igel
der Indianer, die Indianer
die Insel, die Inseln

die Jacke, die Jacken
der Jäger, die Jäger
die Johannisbeere, die Johannisbeeren
der Junge, die Jungen

die Kaffeekanne, die Kaffeekannen
die Kaffeemaschine, die Kaffeemaschinen
der Kaktus, die Kakteen
das Kamel, die Kamele
der Kamm, die Kämme
der Kanarienvogel, die Kanarienvögel
das Kaninchen, die Kaninchen
die Kartoffel, die Kartoffeln
das Karussell, die Karussells (oder -elle)
der Käse, die Käse
das Kasperletheater, die Kasperletheater
die Kasse, die Kassen
die Kastanie, die Kastanien
die Katze, die Katzen
der Kaufmannsladen, die Kaufmannsläden
das Kegelspiel, die Kegelspiele
der Keks, die Kekse

die Kerze, die Kerzen
die Kette, die Ketten
der Kindergarten, die Kindergärten
der Kinderwagen, die Kinderwagen
das Kino, die Kinos
die Kirche, die Kirchen
die Kirsche, die Kirschen
das Kissen, die Kissen
die Kiste, die Kisten
das Klavier, die Klaviere
das Kleeblatt, die Kleeblätter
das Kleid, die Kleider
die Klingel, die Klingeln
der Knochen, die Knochen
der Knopf, die Knöpfe
der Kochlöffel, die Kochlöffel
der Kochtopf, die Kochtöpfe
der Koffer, die Koffer
der Kohl, die Kohle
der König, die Könige
die Königin, die Königinnen
das Krokodil, die Krokodile
die Krone, die Kronen
die Küche, die Küchen
die Kuh, die Kühe
der Kühlschrank, die Kühlschränke

der Lampion, die Lampions
der Lastwagen, die Lastwagen
das Laufställchen, die Laufställchen
der Leopard, die Leoparden
der Leuchtturm, die Leuchttürme
die Libelle, die Libellen
die Lilie, die Lilien
das Lineal, die Lineale
der Löffel, die Löffel
die Lokomotive, die Lokomotiven
der Löwe, die Löwen
der Löwenzahn, —
der Luftballon, die Luftballons

das Mädchen, die Mädchen
das Maiglöckchen, die Maiglöckchen
der Maikäfer, die Maikäfer
der Maiskolben, die Maiskolben
der Maler, die Maler
die Mandel, die Mandeln

der Mantel, die Mäntel
die Margerite, die Margeriten
der Marienkäfer, die Marienkäfer
der Markt, die Märkte
die Maske, die Masken
der Matrose, die Matrosen
der Maurer, die Maurer
die Maus, die Mäuse
die Medizin, die Medizinen
das Messer, die Messer
der Metzgerladen, die Metzgerläden
die Milchflasche, die Milchflaschen
die Mistel, die Misteln
der Mistkäfer, die Mistkäfer
die Möhre, die Möhren
der Mond, die Monde
das Moped, die Mopeds
der Morgen, die Morgen
das Motorboot, die Motorboote
die Mücke, die Mücken
das Müllauto, die Müllautos
die Mülltonne, die Mülltonnen
die Mundharmonika,
die Mundharmonikas
die Muschel, die Muscheln
die Mütze, die Mützen

die Nadel, die Nadeln
der Nagel, die Nägel
die Nähmaschine, die Nähmaschinen
der Narr, die Narren
die Nelke, die Nelken
das Netz, die Netze
der Nikolaus, die Nikolause
das Nilpferd, die Nilpferde
die Nuß, die Nüsse
der Nußknacker, die Nußknacker

der Ofen, die Öfen
die Orgel, die Orgeln
das Osterei, die Ostereier

das Paket, die Pakete
die Palme, die Palmen
der Papagei, die Papageien
der Papierkorb, die Papierkörbe
der Park, die Parks

die Peitsche, die Peitschen
die Perlenkette, die Perlenketten
die Pfanne, die Pfannen
der Pfannkuchen, die Pfannkuchen
die Pfeife, die Pfeifen
das Pferd, die Pferde
der Pfirsich, die Pfirsiche
die Pflaume, die Pflaumen
der Pflug, die Pflüge
der Photoapparat, die Photoapparate
der Pinsel, die Pinsel
der Polizist, die Polizisten
die Post, die Posten
der Pudding,
die Puddinge (oder Puddings)
der Pudel, die Pudel
der Puppenwagen, die Puppenwagen

die Qualle, die Quallen
die Quelle, die Quellen
der Quirl, die Quirle

der Rabe, die Raben
das Rad, die Räder
das Radieschen, die Radieschen
das Radio, die Radios
der Rasenmäher, die Rasenmäher
die Raupe, die Raupen
der Regenschirm, die Regenschirme
der Regenwurm, die Regenwürmer
das Reh, die Rehe
der Regenbogen, die Regenbogen
der Reiter, die Reiter
der Reißverschluß, die Reißverschlüsse
der Riegel, die Riegel
der Ritter, die Ritter
der Rock, die Röcke
das Rohr, die Rohre
die Röhre, die Röhren
der Rollschuh, die Rollschuhe
die Rose, die Rosen
der Rucksack, die Rucksäcke
das Ruder, die Ruder
die Rutschbahn, die Rutschbahnen

der Sack, die Säcke
die Säge, die Sägen

der Salzstreuer, die Salzstreuer
die Sandale, die Sandalen
die Schachtel, die Schachteln
das Schaf, die Schafe
der Schäfer, die Schäfer
der Schaffner, die Schaffner
der Schal, die Schals (oder Schale)
die Schallplatte, die Schallplatten
die Schaufel, die Schaufeln
die Schaukel, die Schaukeln
das Schaukelpferd, die Schaukelpferde
die Schere, die Scheren
die Schiene, die Schienen
die Schildkröte, die Schildkröten
der Schinken, die Schinken
der Schlafanzug, die Schlafanzüge
die Schlange, die Schlangen
die Schleife, die Schleifen
der Schlitten, die Schlitten
der Schlittschuh, die Schlittschuhe
das Schloß, die Schlösser
der Schlüssel, die Schlüssel
die Schlüsselblume,
die Schlüsselblumen
der Schmetterling, die Schmetterlinge
die Schmiede, die Schmieden
die Schnecke, die Schnecken
das Schneeglöckchen
die Schneeglöckchen
der Schneemann, die Schneemänner
der Schneider, die Schneider
die Schokolade, die Schokoladen
der Schornstein, die Schornsteine
der Schornsteinfeger,
die Schornsteinfeger
der Schrank, die Schränke
die Schranke, die Schranken
die Schraube, die Schrauben
der Schraubenzieher,
die Schraubenzieher
die Schreibmaschine,
die Schreibmaschinen
die Schubkarre, die Schubkarren
der Schuh, die Schuhe
der Schuhmacher, die Schuhmacher
die Schulklasse, die Schulklassen

der Schulranzen, die Schulranzen
die Schwalbe, die Schwalben
der Schwamm, die Schwämme
der Schwan, die Schwäne
das Schwimmbad, die Schwimmbäder
das Schwein, die Schweine
der See, die Seen
der Seehund, die Seehunde
die Seerose, die Seerosen
der Seestern, die Seesterne
das Segelboot, die Segelboote
die Seife, die Seifen
die Seifenblase, die Seifenblasen
der Sessel, die Sessel
die Sicherheitsnadel
die Sicherheitsnadeln
das Sieb, die Siebe
das Skateboard, die Skateboards
der Ski, die Skier
der Skistiefel, die Skistiefel
der Skistock, die Skistöcke
das Sofa, die Sofas
der Sommer, die Sommer
die Sonne, die Sonnen
die Sonnenblume, die Sonnenblumen
die Sparbüchse, die Sparbüchsen
der Spargel, die Spargel
der Spaten, die Spaten
der Spatz, die Spatzen
der Specht, die Spechte
der Spiegel, die Spiegel
der Spielplatz, die Spielplätze
die Spinne, die Spinnen
der Spitz, die Spitze
der Sportplatz, die Sportplätze
der Springbrunnen,
die Springbrunnen
das Springseil, die Springseile
die Stachelbeere, die Stachelbeeren
der Star, die Stare
der Staubsauger, die Staubsauger
der Stein, die Steine
der Stern, die Sterne
der Stiefel, die Stiefel
das Stiefmütterchen,
die Stiefmütterchen

der Storch, die Störche
der Strand, die Strände
die Straße, die Straßen
die Straßenbahn, die Straßenbahnen
das Streichholz, die Streichhölzer
der Strohhalm, die Strohhalme
der Strumpf, die Strümpfe
der Stuhl, die Stühle

das Tablett, die Tabletts (oder Tablette)
die Tafel, die Tafeln
die Tanne, die Tannen
die Tasche, die Taschen
die Taschenlampe, die Taschenlampen
das Taschenmesser, die Taschenmesser
das Taschentuch, die Taschentücher
die Tasse, die Tassen
die Taube, die Tauben
der Teddybär, die Teddybären
die Teekanne, die Teekannen
das Telefon, die Telefone
der Teller, die Teller
der Teppich, die Teppiche
der Tiger, die Tiger
die Tinte, die Tinten
der Tisch, die Tische
die Tomate, die Tomaten
das Töpfchen, die Töpfchen
das Tor, die Tore
der Traktor, die Traktoren
die Treppe, die Treppen
die Trommel, die Trommeln
die Trompete, die Trompeten
die Tulpe, die Tulpen
der Tunnel, die Tunnel
der Turm, die Türme
das Turnen, —

der Uhu, die Uhus
der Urwald, die Urwälder

die Vase, die Vasen
das Veilchen, die Veilchen
das Vergißmeinnicht
die Vergißmeinnicht
die Verkehrsampel, die Verkehrsampeln
das Vogelnest, die Vogelnester

der Vogelbauer, die Vogelbauer
das Vogelhäuschen, die Vogelhäuschen
die Vogelscheuche, die Vogelscheuchen

die Waage, die Waagen
der Wald, die Wälder
die Wärmflasche, die Wärmflaschen
das Waschbecken, die Waschbecken
die Wäscheklammer,
die Wäscheklammern
der Waschlappen, die Waschlappen
die Waschmaschine,
die Waschmaschinen
der Wasserhahn, die Wasserhähne
der Wasserkessel, die Wasserkessel
der Wecker, die Wecker
das Weihnachten, die Weihnachten
die Weintraube, die Weintrauben
der Werkzeugkasten,
die Werkzeugkästen
die Wespe, die Wespen
die Wiege, die Wiegen
der Winter, die Winter
der Wolf, die Wölfe
die Wolke, die Wolken
die Wolle, die Wollen
der Würfel, die Würfel
die Wurst, die Würste

der Zahn, die Zähne
die Zahnbürste, die Zahnbürsten
die Zahnpasta, die Zahnpasten
die Zange, die Zangen
der Zaun, die Zäune
das Zebra, die Zebras
die Zeitung, die Zeitungen
das Zelt, die Zelte
die Ziege, die Ziegen
der Ziegelstein, die Ziegelsteine
die Ziehharmonika, die Ziehharmonikas
die Zigarette, die Zigaretten
die Zigarre, die Zigarren
der Zirkus, die Zirkusse
die Zitrone, die Zitronen
der Zoo, die Zoos
der Zwerg, die Zwerge
die Zwiebel, die Zwiebeln